BEI GRIN MACHT SICH IN WISSEN BEZAHLT

- Wir veröffentlichen Ihre Hausarbeit, Bachelor- und Masterarbeit

- Ihr eigenes eBook und Buch - weltweit in allen wichtigen Shops

- Verdienen Sie an jedem Verkauf

Jetzt bei www.GRIN.com hochladen und kostenlos publizieren

Björn Piechotta

Der Teppich von Bayeux und seine Bedeutung als historische Quelle

GRIN Verlag

Bibliografische Information der Deutschen Nationalbibliothek:

Die Deutsche Bibliothek verzeichnet diese Publikation in der Deutschen National-
bibliografie; detaillierte bibliografische Daten sind im Internet über http://dnb.d-
nb.de/ abrufbar.

Dieses Werk sowie alle darin enthaltenen einzelnen Beiträge und Abbildungen
sind urheberrechtlich geschützt. Jede Verwertung, die nicht ausdrücklich vom
Urheberrechtsschutz zugelassen ist, bedarf der vorherigen Zustimmung des Verla-
ges. Das gilt insbesondere für Vervielfältigungen, Bearbeitungen, Übersetzungen,
Mikroverfilmungen, Auswertungen durch Datenbanken und für die Einspeicherung
und Verarbeitung in elektronische Systeme. Alle Rechte, auch die des auszugsweisen
Nachdrucks, der fotomechanischen Wiedergabe (einschließlich Mikrokopie) sowie
der Auswertung durch Datenbanken oder ähnliche Einrichtungen, vorbehalten.

Impressum:

Copyright © 2010 GRIN Verlag GmbH
Druck und Bindung: Books on Demand GmbH, Norderstedt Germany
ISBN: 978-3-640-88170-3

Dieses Buch bei GRIN:

http://www.grin.com/de/e-book/169757/der-teppich-von-bayeux-und-seine-
bedeutung-als-historische-quelle

GRIN - Your knowledge has value

Der GRIN Verlag publiziert seit 1998 wissenschaftliche Arbeiten von Studenten, Hochschullehrern und anderen Akademikern als eBook und gedrucktes Buch. Die Verlagswebsite www.grin.com ist die ideale Plattform zur Veröffentlichung von Hausarbeiten, Abschlussarbeiten, wissenschaftlichen Aufsätzen, Dissertationen und Fachbüchern.

Besuchen Sie uns im Internet:

http://www.grin.com/

http://www.facebook.com/grincom

http://www.twitter.com/grin_com

Freie Universität Berlin
FB Geschichte
Friedrich-Meinicke-Institut
Die angelsächsischen Reiche im Krieg
SoSe 2010

31.03.2011

Hausarbeit

Die Bedeutung des Teppichs von Bayeux als historische Quelle

Björn Piechotta

Geschichte (90LP)
4. Fachsemester

Inhaltsverzeichnis

1. Einleitung

Seit seiner Wiederentdeckung im 18. Jahrhundert war der Teppich von Bayeux dem jeweiligen Zeitgeist ausgesetzt. Die französischen Könige bezeugten Interesse an seinem Inhalt und entsandten die Gelehrten ihrer Tage, um seinen Inhalt schriftlich festzuhalten. Fast fiel er während der Französischen Revolution der Kulturbarbarei zum Opfer und hätte als Wagenplane sein Schicksal gefunden oder gar als zerschnittene Dekoration auf einem Mittelalterfest geendet, was die Stadträte von Bayeux noch verhindern konnten. Napoleon Bonaparte wiederum erkannte einen ganz besonderen Wert für seine Eroberungspläne in diesem Bildteppich und ließ ihn gar in Paris ausstellen. Schließlich erweckte er im zweiten Weltkrieg das Interesse der Nationalsozialisten, die in ihm den Beweis für die Überlegenheit nordischer Völker suchten. Aufgrund seiner imposanten Erscheinung und seiner Einzigartigkeit, löst der Bildteppich von Bayeux noch heute eine Faszination sonder Gleichen beim Betrachter aus, jedoch wirft sein Wesen eine Vielzahl an Fragen auf. Um die wahre Bedeutung des Teppichs von Bayeux nachvollziehen zu können, müssen zunächst die Fragen geklärt werden wer der Auftraggeber und wer ihn an welchem Ort herstellte. Ferner muss die Frage eine Antwort finden, welchem Zweck der Teppich von Bayeux diente und wem er gehörte. Der erzählerische Inhalt des Bildteppichs kann zudem auch nur beantwortet werden, wenn man die Intention des Auftraggebers nachvollzieht und welcher Eindruck beim Betrachter damit gegeben werden sollte.

Da der Teppich von Bayeux jedoch eine bildliche Quelle ist, sind in der inhaltlichen Analyse andere Probleme enthalten, als etwa in Textquellen. Zudem ist der Teppich von Bayeux auch in der Kultur seiner Zeit zu sehen und somit ist jede Handlung auch immer von einer bestimmten Bedeutung. Schlüsselszenen, wie die Leistung des Eides durch Harold an Wilhelm, der Tod Edwards des Bekenners und die darauf folgende Krönung Harolds oder der Tod Harolds, werden daher in der Wissenschaft kontrovers diskutiert. Der Bildteppich stellt nicht nur erzählerisch dar, was passiert ist, sondern zeigt bildlich, wie etwas passierte und wie es aussah. Somit ist seine Historizität als optische Quelle ist eine völlig eigene, gemessen an schriftlichen Quellen.[1]

---

[1] vgl. Gameson, Richard: The Origin, Art and Message of the Bayeux Tapestry. In: Gameson, Richard (Hg.): The Study of the Bayeux Tapestry, Woodbridge 1997, S. 199 ff.

2. Die Herkunft des Bildteppichs

2.1 Das Material und die technische Ausführung

Der Teppich von Bayeux bestand nicht aus edlen Stoffen. Aufgrund seiner enormen Größe, wäre eine Herstellung in Samt und Seide einerseits selbst für einen königlichen Hof viel zu teuer gewesen und andererseits ist es fraglich, ob der Bildteppich sich noch heute in diesem guten Gesamtzustand befinden würde.

Ohnehin erlitt der Bildteppich durch die Zeiten seines Bestehens viele Beschädigungen durch Aufbewahrung, Zurschaustellung und unsachgemäße Restauration. So wurden einige Teile falsch zusammengenäht, durch unsachgemäße Handhabung im Material beschädigt oder schlicht weggeworfen. Ferner finden sich Brandflecken und Wachsreste von Kerzen, Löcher, die auf Mottenfraß schließen lassen und viele andere Formen von Beschädigungen wieder.[2] Bei der Herstellung achteten die Näher und Näherinnen darauf, dass mit größter Sorgfalt vorgegangen wurde. So wurde der Leinenstoff aus neun Bahnen unterschiedlicher Länge sorgfältig zusammengenäht, welche erst im 19. Jahrhundert als zunächst acht Einzelbahnen identifiziert werden konnten.[3] Trotz der verschollenen Schluss-Szene befindet sich der Teppich von Bayeux für sein alter in einem ausgezeichneten Zustand, was nicht zuletzt seinen robusten Materialien zu verdanken ist. Zwar fehlt die abschließende Szene, jedoch ist er in Form und Farbe erhalten. Einige fehlende Szenen konnten sogar anhand der noch sichtbaren Nadelstiche im Leinenstoff rekonstruiert werden.[4]

Zwei Arten der Nähungen sind bei diesem Werk zu unterscheiden. Zum einen ist hier ein Grundstich zu erkennen der für die Konturen von Händen, Gesicht, Körper und Schrift angewandt wurde, zum anderen finden sich hier „Boulogne-Stiche" (Kettenstiche), welche großflächig zur Ausfüllung von Flächen Anwendung fanden.[5] Dem Autor schien die realistische Wiedergabe der Farben im Gegensatz zur Festhaltung des Inhalts nicht wichtig zu sein, da sich in der Darstellung Pferde mit blauem oder grünem Fell wiederfinden oder Haarfarben nicht der menschlichen Natur entsprechen.

---

[2] vgl. Stothard, Charles: Some Observations on the Bayeux Tapestry. In: Gameson, Richard (Hg.): The Study of the Bayeux Tapestry, Woodbridge 1997, S. 1 f.

[3] vgl. Brooks, N.P., Walker, H. E.: The authority and Interpretation of the Bayeux Tapestry. In: Gameson, Richard (Hg.): The Study of the Bayeux Tapestry, Woodbridge 1997, S. 64

[4] vgl. Wilson, David M.: Der Teppich von Bayeux, Frankfurt a. M. und Berlin 1985, S. 9 ff.

[5] vgl. Bertrand, Simone: A Study of the Bayeux Tapestry. In: Gameson, Richard (Hg.): The Study of the Bayeux Tapestry, Woodbridge 1997, S. 34 f.

Ebenso wurden Hände und Gesichter im als Kontur und ohne Füllung belassen wurden, während Gebäude teilweise gefüllt dargestellt werden[6].

2.2 Herstellungsort und Auftraggeber

Wer der Auftraggeber oder der Hersteller des Teppichs von Bayeux war, lässt sich nicht mit vollkommener Eindeutigkeit sagen, da sowohl ein normannisch-skandinavischer Kultureinfluss, als auch ein Inhalt aus angelsächsischer Sicht vorhanden ist. Fest steht aber, dass der Bildteppich nach der Machtübernahme Wilhelms des Eroberers produziert wurde und somit als anglo-normannisch verstanden werden kann.[7]

Fälschlicherweise wird der Teppich von Bayeux oftmals als „Teppich der Königin Matilda" bezeichnet, wobei fraglich ist, ob es sich hierbei um die Frau Wilhelms des Eroberers oder die Tochter Heinrichs I. handeln sollte.[8] Gegen die vermutete Verwendung im Gemach einer Königin oder Prinzessin spricht jedoch das unedle Material aus Leinen und Wolle, wie die gigantische Größe des Bildteppichs.[9] Zudem wurde der Teppich, trotz seines imposanten Äußeren, nicht im Testament einer Königin Matilda wiedergefunden. Wenn der Bildteppich in der Kirche von Bayeux untergebracht worden wäre, hätte er beim Brand dieser Kirche im Jahre 1106 Schaden nehmen müssen. Zudem finden sich Fabelwesen des antiken griechischen Dichters Æsop wieder, welche aber erst in der Zeit der Kreuzzüge in Westeuropa bekannt wurden.[10] Bischof Odo von Bayeux, Halbbruder Wilhelms des Eroberers, könnte anhand der Thematik und der Darstellung der Person Odos als Seelsorger des Heeres, mutiger Gottesmann und weiser Berater Wilhelms die Auftragsvergabe zur Herstellung des Bildteppichs zugeschrieben werden, jedoch war Odo seit mindestens 1095 nicht mehr in England und starb im Jahr 1097 in Palermo.[11]

---

[6] vgl. Brooks, N.P., Walker, H. E.: The authority and Interpretation of the Bayeux Tapestry. In: Gameson, Richard (Hg.): The Study of the Bayeux Tapestry, Woodbridge 1997, S. 64.

[7] vgl. Gameson, Richard: The Origin, Art and Message of the Bayeux Tapestry. In: Gameson, Richard (Hg.): The Study of the Bayeux Tapestry, Woodbridge 1997, S. 163.

[8] vgl. Wilson, David M.: Der Teppich von Bayeux, Frankfurt a. M. und Berlin 1985, S. 12 f.

[9] vgl. Bertrand, Simone: A Study of the Bayeux Tapestry. In: Gameson, Richard (Hg.): The Study of the Bayeux Tapestry, Woodbridge 1997, S. 33 f.

[10] vgl. Freeman, Edward: The Authority of the Bayeux Tapestry. In: Gameson, Richard (Hg.): The Study of the Bayeux Tapestry, Woodbridge 1997, S. 9.

[11] Cowdrey, H. E. J.: Towards an Interpretation of the Bayeux Tapestry. In: Gameson, Richard (Hg.): The Study of the Bayeux Tapestry, Woodbridge 1997, S. 94 f.

Anhand der Analyse der dargestellten Haarmoden in kann der Teppich von Bayeux jedoch in die Regierungsepoche von Heinrich I. von England vermutet werden.[12] Für die Herstellung in England spricht zudem die Tatsache, dass Harold häufiger als Wilhelm erwähnt wird und er in seinen frommen, gnädigen und ritterlichen Handlungen als positive Person Darstellung findet.[13] Ein weiteres Indiz für die englische Herkunft ist die Bezeichnung „Franci" (Franzosen) für die Normannen, welche sich aus kulturellem Stolz nicht in dieser Form selbst bezeichnet hätten.[14] Linguistische Studien und die Benutzung in England typischer Buchstaben auf dem Teppich von Bayeux bezeugen zudem, dass es sich um ein englisches Werk handeln muss. Zwar pflegten Normannen in England zu siedeln, aber Engländer siedelten nicht in der Normandie. Anhand der stilistischen Mittel, die in diesem Werk Anwendung fanden, lässt sich der Herstellungsort in Canterbury vermuten, in dem auch entsprechende Werkstätten vorhanden waren.[15] Es lässt sich eine genaue zeitliche Bestimmung der Herstellung des Teppichs von Bayeux jedoch nur schwerlich feststellen, da der Bildteppich erst seit 1476 in den Inventarlisten der Kathedrale Notre-Dame von Bayeux aufgeführt wurde.[16] Fest steht, dass der Gestalter des Teppichs von Bayeux genaue Kenntnis vom Schlachthergang gehabt haben muss. Jedoch kann er nicht persönlich an der Schlacht teilgenommen haben, da die Szene des Kampfes zwischen Wilhelm und Conan einen Verständnisfehler enthält, aber auf die Kenntnis der Berichte Wilhelms von Poitiers, rückschließen lässt.[17] Der Teppich von Bayeux muss aber kurz nach seiner Fertigstellung in die Normandie gelangt zu sein, da sich keine Aufzeichnungen über ihn in England finden lassen.[18]

2.3 Die Verwendung des Bildteppichs

Wie bereits erwähnt, ist die Verwendung des Teppichs von Bayeux als Wandbehang im Gemach einer Königin oder Prinzessin Matilda auszuschließen, da er einerseits aus

---

[12] vgl. Stothard, Charles: Some Observations on the Bayeux Tapestry. In: Gameson, Richard (Hg.): The Study of the Bayeux Tapestry, Woodbridge 1997, S. 3.

[13] vgl. Cowdrey, H. E. J.: King Harold II and the Bayeux Tapestry: a Critical Introduction. In: Owen-Crocker, Gale R. (Hg): King Harold II and the Bayeux Tapestry, Woodbridge 2005, S. 9.

[14] vgl. Freeman, Edward: The Authority of the Bayeux Tapestry. In: Gameson, Richard (Hg.): The Study of the Bayeux Tapestry, Woodbridge 1997, S. 9 f.

[15] vgl. Brooks, N.P., Walker, H. E.: The authority and Interpretation of the Bayeux Tapestry. In: Gameson, Richard (Hg.): The Study of the Bayeux Tapestry, Woodbridge 1997, S. 70f.

[16] vgl. Wilson, David M.: Der Teppich von Bayeux, Frankfurt a. M. und Berlin 1985, S. 12.

[17] vgl. Brooks, N.P., Walker, H. E.: The authority and Interpretation of the Bayeux Tapestry. In: Gameson, Richard (Hg.): The Study of the Bayeux Tapestry, Woodbridge 1997, S. 65 f.

[18] vgl. Gameson, Richard: The Origin, Art and Message of the Bayeux Tapestry. In: Gameson, Richard (Hg.): The Study of the Bayeux Tapestry, Woodbridge 1997, S. 175.

kostengünstigen Materialien besteht und andererseits von enormer Größe ist. Gegen die ursprüngliche Verwendung in einer Kirche spricht der säkulare Charakter des Bildteppichs, da sich Männer und Frauen mit deutlich kenntlichen Primärgeschlechtsmerkmalen in den Randornamenten befinden.[19]

Wäre er zudem dauerhaft in einer Kirche aufgehangen worden, müsste der Teppich rußgeschwärzt sein. Es gibt zudem keine Anhaltspunkte, dass der Bildteppich dauerhaft ausgestellt wurde, da er in einem sehr guten Zustand ist und auch nicht dauerhaft Licht ausgesetzt gewesen sein kann, da die Farben noch immer sehr deutlich sind. Des Weiteren war die Schrift auf dem Bildteppich dazu gedacht, gelesen zu werden, somit liegt der Schluss nahe, dass der Teppich in Augenhöhe angebracht worden sein muss.[20] Fest steht, dass der Bildteppich dazu entworfen wurde, eine Botschaft an den Betrachter zu übermitteln, aber die Möglichkeit ihn aufzustellen, nur in einer Halle oder einem Saal gegeben sein kann, der die Möglichkeit eines öffentlichen Zugangs beinhaltet.[21] Außerdem bestand die Möglichkeit, ihn einfach zusammen zu falten und ihn an eine andere Stelle zu transportieren. Es wäre daher abwegig, ihn trotz seines propagandistischen Wertes mit seiner einfachen Bildsprache und seinem auffälligen Äußeren nur an einer Stelle oder in einem Lager zu belassen. Die Aufzeichnungen der Kathedrale von Bayeux bezeugen allerdings, dass der Teppich zumindest ab 1476 alljährlich in der Kathedrale ausgestellt wurde.[22]

2.4 Der Teppich von Bayeux als optische Quelle für Personen und Gegenstände ihrer Zeit

Auf dem Bildteppich von Bayeux sind viele Gegenstände und Personen sehr detailliert dargestellt. Im Vergleich zu anderen zeitgenössischen Bildquellen können beispielsweise die Rüstungen und Bewaffnungen, die in der Schlacht von Hastings benutzt wurden, optisch nachvollzogen werden. Wilhelm von Poitiers schrieb, dass die Infanterie jener Zeit mit Pfeil und Bogen bewaffnet gewesen sei, während die Kavallerie mit Schwertern und Lanzen in Rüstungen aus Schuppenblechen und Kettenhemden zu Felde zog. Auch wenn der Künstler sich nicht farbengetreu an die

---

[19] vgl. Brooks, N.P., Walker, H. E.: The authority and Interpretation of the Bayeux Tapestry. In: Gameson, Richard (Hg.): The Study of the Bayeux Tapestry, Woodbridge 1997, S. 70.

[20] vgl. Gameson, Richard: The Origin, Art and Message of the Bayeux Tapestry. In: Gameson, Richard (Hg.): The Study of the Bayeux Tapestry, Woodbridge 1997, S. 175.

[21] Vgl. Brilliant, Richard: The Bayeux Tapestry: a stripped narrative for their eyes and ears. In: Gameson, Richard (Hg.): The Study of the Bayeux Tapestry, Woodbridge 1997, S. 115.

[22] vgl. Cowdrey, H. E. J.: Towards an Interpretation of the Bayeux Tapestry. In: Gameson, Richard (Hg.): The Study of the Bayeux Tapestry, Woodbridge 1997, S. 109 f.

Realität hielt, ist der Detailreichtum auf dem Teppich von Bayeux und die Bestätigung in den Zeitgenössischen Quellen für das Aussehen der Bewaffnungen und Rüstungen einerseits ein Indiz für ein Umfangreiches Wissen um das Kriegswerkzeug und andererseits um militärische Taktiken jener Zeit.[23]

Es sind aber auch künstlerische Freiheiten und besondere künstlerische Problemlösungsansätze auf dem Bildteppich zu erkennen. Der Halleysche Komet entspricht nicht dem realen Aussehen eines Kometen, da der Künstler aufgrund der Verwendung von Nadel und Faden auf andere Probleme trifft, als etwa ein Maler. Ebenso verhält es sich mit Gesichtern. Zwar haben die Akteure Edward, Harold, Wilhelm und Odo eigene Gesichtszüge und Haartrachten, dennoch sind die Statisten mit anonymen Gesichtszügen zu sehen. Es besteht nur ein Unterschied zwischen Normannen und Engländern: Während die Normannen ein glatt rasiertes Gesicht zeigen, tragen die Engländer einen Schnurrbart.[24]

3. Botschaft des Teppichs von Bayeux

Der Teppich von Bayeux zeichnet sich durch die Einfachheit der Darstellung dessen aus, was anhand seines Inhalts vermittelt werden soll, ohne dabei den Anspruch als Informationsquelle zulasten der Unterhaltung zu verlieren. Seine Darstellung ist im Gesamten zumeist chronologisch angelegt, aber vermutlich aufgrund rhetorischer und erzählerischer Feinheiten nicht immer sehr präzise. So wird im Falle König Edwards seine Beerdigung vor die Szene auf dem Totenbett gelegt, um hier einen rhetorischen Rückgriff auf die Vorgeschichte eines Geschehnisses vollziehen zu können.[25] Dass der Bildteppich dennoch einen durchaus exakten Ablauf der Geschehnisse der Jahre 1064 bis 1066 darstellt, lässt sich im Vergleich mit den Schriften der Chronisten Wilhelm von Jumièges und Wilhelm von Poitiers nachvollziehen. Hierbei sollte man aber die kirchlich-normannische Herkunft dieser beiden Chronisten berücksichtigen, die einen etwas anderen Standpunkt als ein Werk aus England einnimmt.[26]

---

[23] vgl. Brooks, N.P., Walker, H. E.: The authority and Interpretation of the Bayeux Tapestry. In: Gameson, Richard (Hg.): The Study of the Bayeux Tapestry, Woodbridge 1997, S. 79.

[24] vgl. Stothard, Charles: Some Observations on the Bayeux Tapestry. In: Gameson, Richard (Hg.): The Study of the Bayeux Tapestry, Woodbridge 1997, S. 2.

[25] vgl. Wilson, David M.: Der Teppich von Bayeux, Frankfurt a. M. und Berlin 1985, S. 18 f.

[26] vgl. ebd.

Im Ganzen ist der Bildteppich als Propaganda zu verstehen, da sowohl die Taten von Helden gerühmt werden, als auch ethisches Handeln beschrieben wird.[27]

3.1 Das Verhältnis zwischen Harold und Wilhelm und der Eid von Bayeux

Harold, der Earl von Wessex, war Heerführer und Vertrauter des englischen Königs, Edward dem Bekenner. Unter seiner Herrschaft errang Harold in den Kriegen gegen die Waliser höchste Ehren.[28] Harold wurde von Edward auf diplomatische Mission in die und beladen mit vielen Gastgeschenken Normandie geschickt, jedoch gibt der Teppich keinen Hinweis darauf, was der Grund für diese Reise war.[29] In der Normandie angekommen, wurde Harold von Graf Guy de Ponthieu gefangen genommen und erst auf Befehl des normannischen Herzogs Wilhelm erlangte er seine Freilassung.[30] Harold musste gegenüber Wilhelm als einen Eid abgeben, den rechtmäßigen Anspruch der Normannen auf den englischen Thron zu unterstützen. Die Unterstützung Harolds beim Anspruch auf den englischen Thron hätte im Falle des Todes von Edward dem Bekenner einen ungeheuren Zugewinn für das Normannenreich bedeutet. Daher sah Wilhelm diese Form der Erpressung als notwendig an, um seine Interessen durchsetzen zu können. Der Eid wurde vor Bischof Odo von Bayeux auf heiligen Reliquien abgelegt, was die religiöse Legitimität des Eides bekräftigen sollte.[31]

Nach harolds Rückkehr nach England lag König Edward im Sterben. Auf dem Totenbett vertraute er Harold das Königreich England an, um es als Reichsverweser weiterzuführen. Aus der Verleihung des Amtes leitete Harold einen Anspruch auf den Thron her, um sich nach dem Tode Edwards selbst zum König zu krönen, nachdem dieser beerdigt wurde und obwohl er den Eid leistete, den Thronanspruch Wilhelms zu unterstützen.[32] Zeitgleich mit der Krönung Harolds erschien der Halleysche Komet am Himmel, wobei Kometen nach mittelalterlicher Auffassung als Zeichen für Unheil galten. In der Bildsprache des Teppichs ist zu erkennen, dass Harold körperlich

---

[27] vgl. Bertrand, Simone: A Study of the Bayeux Tapestry. In: Gameson, Richard (Hg.): The Study of the Bayeux Tapestry, Woodbridge 1997, S. 32.

[28] vgl. Cowdrey, H. E. J.: King Harold II and the Bayeux Tapestry: a Critical Introduction. In: Owen-Crocker, Gale R. (Hg.): King Harold II and the Bayeux Tapestry, Woodbridge 2005, S. 4.

[29] vgl. Brooks, N.P., Walker, H. E.: The authority and Interpretation of the Bayeux Tapestry. In: Gameson, Richard (Hg.): The Study of the Bayeux Tapestry, Woodbridge 1997, S. 72.

[30] vgl. Brooks, N.P., Walker, H. E.: The authority and Interpretation of the Bayeux Tapestry. In: Gameson, Richard (Hg.): The Study of the Bayeux Tapestry, Woodbridge 1997, S. 66.

[31] vgl. Brooks, N.P., Walker, H. E.: The authority and Interpretation of the Bayeux Tapestry. In: Gameson, Richard (Hg.): The Study of the Bayeux Tapestry, Woodbridge 1997, S. 69.

[32] vgl. Cowdrey, H. E. J.: King Harold II and the Bayeux Tapestry: a Critical Introduction. In: Owen-Crocker, Gale R. (Hg): King Harold II and the Bayeux Tapestry, Woodbridge 2005, S. 8.

geschwächt die gerade verliehenen Insignien seiner königlichen Macht aus den Händen legte, als er dem Kometen seine Blicke zuwandte.[33]

3.2 Die Schlacht von Hastings 1066

Wie bereits erwähnt, leistete Harold einen Eid gegenüber Wilhelm, dass er den Anspruch Wilhelms auf den englischen Thron unterstützte. Die Krönung Harolds stellt hingegen einen Bruch des Eides und eine Provokation militärischer Gewalt dar. Nachdem Wilhelm in Erfahrung brachte, dass er von Harold um den englischen Thron betrogen wurde, ließ er dem Bildteppich nach seinen Halbbruder Odo Anweisung geben, eine Flotte zu bauen, um Krieg gegen den Eidbrecher führen zu können.[34] Odo selbst spielt auf dem Teppich von Bayeux eine weitaus wichtigere Rolle als in jeder anderen zeitgenössischen Quelle[35] und hat in der Bilderzählung die Funktion des Motivators und Seelsorgers des Heeres.[36] Die Handlungen Odos sind aufgrund seines Bischofsamtes religiöser Natur und sollen den von Gott gewollten Anspruch Wilhelms unterstreichen, der in der Vorgeschichte der Schlacht von Hastings nur eine Nebenrolle einzunehmen scheint.[37] Nach der Landung in England ist eine markante Szene die Segnung des Mahls am Vorabend der kommenden Schlacht. Hier nimmt Odo eine Position an der Tafel ein, die auf Darstellungen des letzten Abendmahls Jesus zukommt, als er das Brot als seinen Laib und den Wein als sein Blut darbietet. Dies soll einerseits den göttlichen Auftrag des Expeditionsheeres unterstreichen und andererseits zeigen, dass selbst Jesus am Vorabend des finalen Ereignisses mit an der Tafel sitze, seinen Segen auf die Truppen gebend.[38]

Das zentrale Ereignis ist die Schlacht von Hastings. In dieser Schlacht besiegt das normannische Heer unter der Führung von Wilhelm das Heer der englischen Verteidiger mit einer zahlenmäßigen Übermacht an Reitern und Bogenschützen gegen die leicht bewaffneten Gegner stürmen. Bischof Odo nimmt hierbei wieder eine besondere

---

[33] Vgl. Cowdrey, H. E. J.: Towards an Interpretation of the Bayeux Tapestry. In: Gameson, Richard (Hg.): The Study of the Bayeux Tapestry, Woodbridge 1997, S. 103.

[34] vgl. Brooks, N.P., Walker, H. E.: The authority and Interpretation of the Bayeux Tapestry. In: Gameson, Richard (Hg.): The Study of the Bayeux Tapestry, Woodbridge 1997, S. 73.

[35] vgl. Gameson, Richard: The Origin, Art and Message of the Bayeux Tapestry. In: Gameson, Richard (Hg.): The Study of the Bayeux Tapestry, Woodbridge 1997, S. 202.

[36] Vgl. Cowdrey, H. E. J.: Towards an Interpretation of the Bayeux Tapestry. In: Gameson, Richard (Hg.): The Study of the Bayeux Tapestry, Woodbridge 1997, S. 95.

[37] vgl. Gameson, Richard: The Origin, Art and Message of the Bayeux Tapestry. In: Gameson, Richard (Hg.): The Study of the Bayeux Tapestry, Woodbridge 1997, S. 178.

[38] vgl. Cowdrey, H. E. J.: Towards an Interpretation of the Bayeux Tapestry. In: Gameson, Richard (Hg.): The Study of the Bayeux Tapestry, Woodbridge 1997, S. 94.

Stellung ein, da er mit seinem Pferd in Galopp auf die feindlichen Linien zustürmt, jedoch seinen Bischofsstab (Baculum) nicht als Lanze gebraucht, sondern als Zeichen religiöser Würde in den Händen hält.[39] In dieser Rolle kommt Odo wiederum die Rolle als treibende Kraft im Kampfgeschehen zu, obwohl er selbst nicht aktiv kämpft, sondern allein durch sein mutiges Vorpreschen die Truppe motiviert.[40] Der Sieg der Normannen wird für den Betrachter unstrittig gelassen, da die englische Standarte im Dreck liegt, ihr Träger tot ist und Harold eines grausamen Todes starb.[41] Es ist hierbei strittig, welchen Tod Harold fand, da einerseits zu sehen ist, wie Harold durch einem Pfeil im Auge dahingerafft[42] und andererseits von einem Normannen zerhackt wird. Strittig ist der Tod dahingehend, dass bisher Personen in einer Szene nur einmal erwähnt wurden. Somit kann man auch davon ausgehen, dass es sich bei der Person mit dem Pfeil im Auge um einen Stabsoffizier Harolds handelte.[43] Für den Tod Harolds durch einen Pfeil in seiner Augenhöhle spricht ein Gedicht des Abtes Boudri von Bourgeil, das er für Adèle von Blois, die Tochter Wilhelms des Eroberers, zwischen 1099 und 1102 verfasste. Ungeklärt bleibt aber, ob Boudri von Bourgeil mit der Geschichte vom Pfeil im Auge die Entstehung des Teppichs beeinflusste, oder der Teppich die Niederschriften der zeitgenössischen Chronisten. Wilhelm von Malmesbury hingegen bestätigt beide Versionen in Bezug auf Harolds Tod. Zunächst soll Harold von einem Pfeil durch die Augenhöhle in sein Gehirn getroffen worden sein, um daraufhin von einem durch die Linien durchbrechenden normannischen Reiter in Stücke gehackt zu werden.[44] Wilhelm von Malmesbury berichtet, dass sich die Normannen für diese grausame Tat schämten, da Harold, der bereits aufgrund des Pfeiles im Sterben lag, zusätzlich von einem normannischen Reiter zerhackt wurde. Weiter berichtet Wilhelm von Malmesbury, dass Wilhelm der Eroberer dem Reiter, der diese Tat ausführte, in

---

[39] vgl. Cowdrey, H. E. J.: Towards an Interpretation of the Bayeux Tapestry. In: Gameson, Richard (Hg.): The Study of the Bayeux Tapestry, Woodbridge 1997, S. 95.

[40] vgl. Bernstein, David J.: The Mystery of the Bayeux Tapestry, London 1986, S. 141.

[41] vgl. Cowdrey, H. E. J.: Towards an Interpretation of the Bayeux Tapestry. In: Gameson, Richard (Hg.): The Study of the Bayeux Tapestry, Woodbridge 1997, S. 104.

[42] vgl. Stothard, Charles: Some Observations on the Bayeux Tapestry. In: Gameson, Richard (Hg.): The Study of the Bayeux Tapestry, Woodbridge 1997, S. 5.

[43] vgl. Brooks, N.P., Walker, H. E.: The authority and Interpretation of the Bayeux Tapestry. In: Gameson, Richard (Hg.): The Study of the Bayeux Tapestry, Woodbridge 1997, S. 82 f.

[44] vgl. Brooks, N.P., Walker, H. E.: The authority and Interpretation of the Bayeux Tapestry. In: Gameson, Richard (Hg.): The Study of the Bayeux Tapestry, Woodbridge 1997, S. 84 f.

salomonischer Gerechtigkeit das Leben schonte, aber die Ritterwürde aberkannte, da dies ein brutaler, feiger und unwürdiger Akt gewesen sei.[45]

Da der letzte Teil der Geschichte auf dem Teppich von Bayeux fehlt, wird davon ausgegangen, dass es sich hierbei um die Krönungsszene des Herzogs Wilhelm zum König Wilhelm I. von England handeln muss. Nach Wilhelm von Poitiers konnte Herzog Wilhelm infolge der Schlacht seinen Anspruch auf den englischen Thron geltend machen und wurde an einem heiligen Tag, Weihnachten 1066, zum König von England gekrönt, was nochmals die Heiligkeit seines Handelns bekräftigen soll.[46]

4. Fazit

Es ist zwar unklar, wer den Teppich von Bayeux in Auftrag gab, aber dafür ist unstrittig, dass es sich bei diesem Bildteppich kunsthistorisch um ein anglo-normannisches Werk handelt. Die Dominanz der englischen Sichtweise, das Vorhandensein englischer Schriftzüge und die Bezeichnung der Normannen als Franzosen zeugen in jedem Falle davon, dass der Teppich von Bayeux in England gefertigt wurde. Recht früh nach seiner Fertigstellung muss der Bildteppich in die Normandie gelangt sein, da sich keine Aufzeichnungen über ihn in zeitgenössischen englischen Quellen finden lassen. Wie und unter welchen Umständen er in die Normandie kam, bleibt jedoch verborgen. In welcher Form er Verwendung fand, ist zudem unklar, da er zwar zur ursprünglich zur Aufhängung in einer großen Halle bestimmt worden war, sich außer einem falschen Hinweis auf die Gemächer einer Königin Matilda keine konkrete Beschreibung aus der frühen Zeit seines Bestehens existiert. Der Besitz und die Verwendung zur alljährlichen Aufhängung in der Kathedrale von Bayeux ist erst seit dem Jahre 1476 anhand der Bestandsliste gesichert. In jedem Falle stellt aber der Teppich anhand seines Inhalts eine religiöse Rechtfertigung der weltlichen Macht der Normannen in England dar. Hierbei bedient man sich vieler religiöser Motive und kultischer Handlungssymbolik, um für den Anspruch des normannischen Herzogs Wilhelm auf den englischen Thron zu argumentieren. Die Schlüsselszenen dieses Teppichs beinhalten immer einen Bezug darauf, dass die von den Normannen erlangte Macht auf der Gnade Gottes beruhe und aufgrund eines vor Gott abgegebenen Eidbruchs Harolds zustande kam. Harold war sich bereits kurz nach seiner Krönung sicher, dass der Eidbruch eine göttliche Strafe nach

---

[45] vgl. Cowdrey, H. E. J.: Towards an Interpretation of the Bayeux Tapestry. In: Gameson, Richard (Hg.): The Study of the Bayeux Tapestry, Woodbridge 1997, S. 104.

[46] vgl. Cowdrey, H. E. J.: Towards an Interpretation of the Bayeux Tapestry. In: Gameson, Richard (Hg.): The Study of the Bayeux Tapestry, Woodbridge 1997, S. 96.

sich ziehe und der Komet am Himmel dies ankündigte. Dass Harold in der Schlacht von Hastings einen so grausamen Tod fand ist zudem als göttliche Strafe zu verstehen. Wilhelm entzog aber in salomonischer Gerechtigkeit dem Ritter, der diese Freveltat verübte, seiner ritterlichen Rechte, verschonte jedoch sein Leben. Dass es sich bei der fehlenden Szene auf dem Bildteppich um die Krönung Wilhelms handeln muss, steht außer Frage. Der Teppich von Bayeux ist daher ein politisches Werk mit religiöser Rechtfertigung weltlicher Macht, eine historische Beschreibung der Machtverhältnisse des elften und zwölften Jahrhunderts sowie gemeinsames Kulturgut Englands und Frankreichs.

Literaturverzeichnis

4.1 Monographien

Bernstein, David J.: The Mystery of the Bayeux Tapestry, London 1986.

Kuder, Ulrich: Der Teppich von Bayeux. Oder: Wer hatte die Fäden in der Hand? Frankfurt a. M. 1994.

McNulty, John Bard: The Narrative Art of the Bayeux Tapestry Master. New York 1989.

Wilson, David M.: Der Teppich von Bayeux, Frankfurt a. M. und Berlin 1985.

4.2 Aufsätze

Bertrand, Simone: A Study of the Bayeux Tapestry. In: Gameson, Richard (Hg.): The Study of the Bayeux Tapestry, Woodbridge 1997.

Brilliant, Richard: The Bayeux Tapestry: a stripped narrative for their eyes and ears. In: Gameson, Richard (Hg.): The Study of the Bayeux Tapestry, Woodbridge 1997.

Brooks, N.P., Walker, H. E.: The authority and Interpretation of the Bayeux Tapestry. In: Gameson, Richard (Hg.): The Study of the Bayeux Tapestry, Woodbridge 1997.

Cowdrey, H. E. J.: King Harold II and the Bayeux Tapestry: a Critical Introduction. In: Owen-Crocker, Gale R. (Hg): King Harold II and the Bayeux Tapestry, Woodbridge 2005.

Cowdrey, H. E. J.: Towards an Interpretation of the Bayeux Tapestry. In: Gameson, Richard (Hg.): The Study of the Bayeux Tapestry, Woodbridge 1997.

Freeman, Edward: The Authority of the Bayeux Tapestry. In: Gameson, Richard (Hg.): The Study of the Bayeux Tapestry, Woodbridge 1997.

Gameson, Richard: The Origin, Art and Message of the Bayeux Tapestry. In: Gameson, Richard (Hg.): The Study of the Bayeux Tapestry, Woodbridge 1997.

Stothard, Charles: Some Observations on the Bayeux Tapestry. In: Gameson, Richard (Hg.): The Study of the Bayeux Tapestry, Woodbridge 1997.

Walker, H. E.: The Authority and Interpretation of the Bayeux Tapestry. In: Brooks, Nicolas (Hg.): Communities and Warfare 700-1400, London 2000.